Erwin M.

Manuel & Didi
Die Baumhütte

Kleine Mäuseabenteuer
im Herbst

BELTZ
& Gelberg

Erwin Moser, geboren 1954 in Wien, aufgewachsen im Burgenland, absolvierte eine Schriftsetzerlehre, zog es jedoch schon bald vor, frei zu arbeiten. Er lebt in Wien oder im Burgenland. Im Programm Beltz & Gelberg veröffentlichte er zahlreiche Bilder- und Kinderbücher. *Großvaters Geschichten oder Das Bett mit den fliegenden Bäumen* und *Der Mond hinter den Scheunen* kamen auf die Auswahlliste zum Deutschen Jugendliteraturpreis. *Geschichten aus der Flasche im Meer* wurde in die Ehrenliste zum Österreichischen Staatspreis für Kinder- und Jugendliteratur aufgenommen. *Der Rabe im Schnee* wurde in Japan mit dem Owl-Prize ausgezeichnet.

Die Bildergeschichten von *Manuel & Didi* erschienen zuerst in der Kinderzeitschrift »Mücke«; für die Buchausgabe wurden die Texte überarbeitet und alle Bilder neu reproduziert.

Gullivers Bücher (94)
© 1987, 1990 Beltz Verlag, Weinheim und Basel
Programm Beltz & Gelberg, Weinheim
Alle Rechte vorbehalten
Reihenlayout von Wolfgang Rudelius
Einband von Erwin Moser
Gesamtherstellung Druckhaus Beltz, 6944 Hemsbach
Printed in Germany
ISBN 3 407 78094 X
1 2 3 4 5   94 93 92 91 90

Gullivers Bücher
Taschenbücher für Kinder
Band 94

Inhalt

Die Tube *5*
Der Flußgeist *12*
Die Weintraube *19*
Die Eule *26*
Die Laubhütte *33*
Die Baumhütte *40*

Die Tube

»Manuel! Ich habe ein seltsames Ding gefunden!« sagt Didi eines Tages zu seinem Freund. Er führt Manuel zu einer Mulde und zeigt hinunter.

Das »Ding« ist eine Farbtube. Die
beiden Mäuse betasten und
beschnuppern die große Tube.
»Fühlt sich weich an«, sagt
Manuel.

Sie klettern auf die Tube und hopsen darauf herum. Das ist lustig! Die Farbtube verformt sich unter ihrem Gewicht.

»Ich glaube, das Ding läßt sich öffnen, wenn man an dieser gelben Kappe dreht!« sagt Manuel.

Er dreht den Schraubenverschluß auf. Plötzlich schießt mit rasender Geschwindigkeit eine rosarote Wurst hervor!

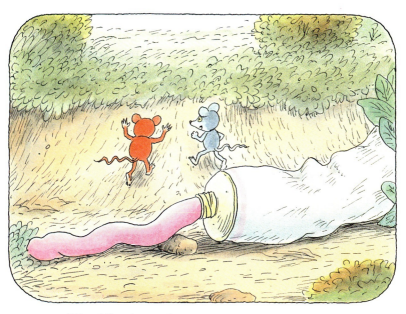

»Hiiilfee!« schreien Manuel und
Didi. »Eine Schlange! Hilfe!«
Na, diese Schlange wird wohl
kaum beißen!

Der Flußgeist

Norbert Wasserratte wohnt auf
einer Insel im Fluß. Didi will ihn
eines Abends besuchen. Aber,
was ist das? Auf der Insel steht
eine schreckliche Gestalt!
Didi hat Angst und läuft weg.

Am nächsten Tag erzählt Didi
dem Manuel von seinem nächtlichen Erlebnis: »Auf Norberts
Insel wohnt jetzt ein häßliches
Untier!« sagt Didi. »Er hat einen
grünen Kopf und gelbe Augen.«

Als es Abend wird, schleichen
Didi und Manuel zum Flußufer.
»Oh!« flüstert Manuel. »Das ist
sicher ein Flußgeist. Gewiß hat
er Norbert im Haus eingesperrt.
Wir müssen ihm helfen, Didi!«

Sie nehmen ihren ganzen Mut zusammen und rudern zur Insel hinüber.
»Ich werde mit dem Gespenst reden«, sagt Manuel. »Vielleicht verschwindet es dann.«

»Mächtiger Flußgeist!« sagt Manuel. »Wie du siehst, haben wir keine Angst vor dir! Bitte, laß Norbert frei. Er ist unser Freund und die liebste Wasserratte vom ganzen Fluß! Bitte, geh weg!«

Plötzlich tritt Norbert aus dem Gebüsch. Er ist etwas verlegen. »Es ist sehr lieb von euch, daß ihr mich befreien wollt«, sagt er. »Aber den Kürbisgeist habe ich selbst gebaut. Der tut niemandem was...«

Die Weintraube

Manuel hat bei einem Spaziergang einen Weinstock entdeckt. Eine große, saftige Weintraube guckt zwischen den Blättern hervor!

Und Didi Feldmaus findet sich auch ein.
»Schau mal, Didi«, sagt Manuel, »wäre das was für unser Mittagessen? Heb' mich hoch, ich pflücke einige Beeren!«

Manuel klettert auf Didis Kopf
und streckt seine Arme aus.
»Nicht wackeln, Didi!«
O je, die Weintraube hängt viel zu
hoch! Schade!

»Ich habe eine Idee!« ruft Manuel.
»Warte hier, Didi, ich komme
gleich wieder!«
Manuel läuft nach Hause und
kommt bald mit seiner Schleuder
zurück.

Er schießt mit der Schleuder auf die untersten Beeren der Weintraube. Flitsch! Flatsch! Schon tropft der köstliche Traubensaft in Didis Mund.

Manuel schießt noch zweimal,
und der Saft rinnt aus den getroffenen Beeren.
Manuel und Didi schlürfen und schmatzen um die Wette.

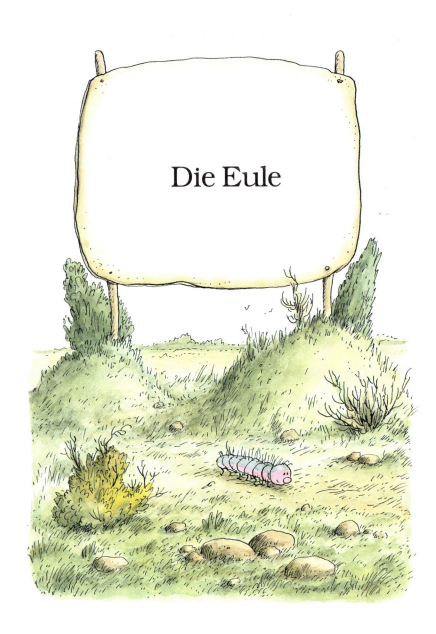

»Schau!« sagt Manuel zu Didi.
»Die Sträucher dort hinten sehen
aus wie fliehende Ungeheuer!«

Didi zeigt Manuel einen abgestorbenen Baum. »Sieht er nicht aus wie ein uralter Troll?«
»Tatsächlich!« bestätigt Manuel.

»Und dieser Strohhaufen! Didi, schau, er hat Ähnlichkeit mit einem Mammut!«

Dann finden sie eine zerzauste
Sonnenblume.
»Sie könnte eine verzauberte
Waldfrau sein«, sagt Didi.

Am Abend entdecken sie eine
Felsgruppe.
»Wie eine Eule sieht dieser Felsen
aus!« ruft Manuel.

Der »Felsen« schlägt seine Augen auf und breitet die Flügel aus. »Ihr braucht wohl Brillen!« sagt er. »Ich *bin* eine Eule!«

Die Laubhütte

Die Blätter haben sich in den letzten Wochen braun und gelb verfärbt und fallen von den Bäumen.
Manuel und Didi spielen im Laub.

»Weißt du was?« sagt Manuel.
»Wir bauen uns eine Laubhütte!«
»Fein!« ruft Didi.
Aus dünnen Stöcken errichten
sie ein Gerüst.

Dann schichten sie in mühevoller Arbeit Hunderte von Blättern übereinander. Die Hütte ist fertig. Fast sieht sie wie ein Indianerzelt aus.

Manuel und Didi kriechen in
ihre Hütte und legen sich in das
raschelnde Laub. »Erzähl mir
einen Witz«, sagt Manuel zu Didi.

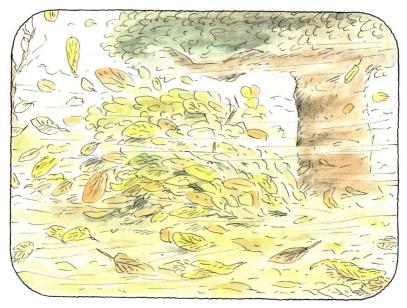

Huiiiii! Plötzlich fegt ein Windstoß übers Land und bläst die kunstvolle Laubhütte der beiden Freunde davon!

Nur das Gerüst bleibt windschief stehen. Manuel und Didi gucken verdattert in die Luft. »Das war aber kein guter Witz, Didi«, sagt Manuel.

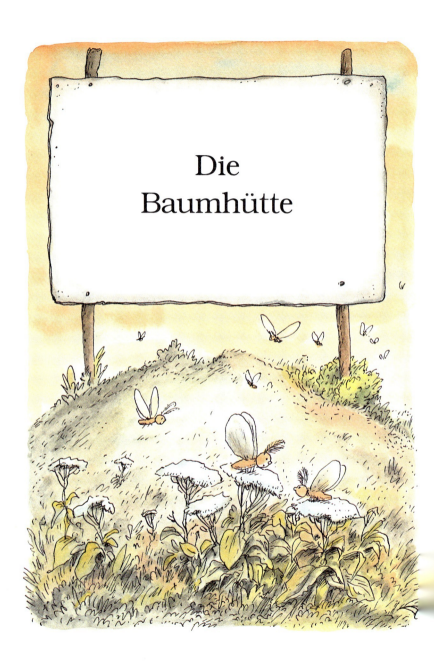

Die Baumhütte

Die Tage und Nächte sind sehr
kühl geworden. Manuel und Didi
suchen eine warme Behausung.
Der hohle Baum gefällt den
beiden Mäusen.

Sie holen Strohhalme und Äste und bauen ein Dach über den Baumstrunk. »Das wird die schönste Hütte, die wir jemals hatten!« sagt Didi.

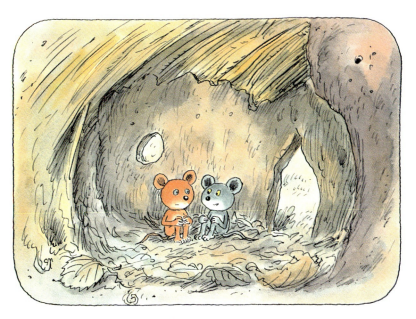

Manuel und Didi setzen sich in
ihr neues Haus. Aber es will ihnen
nicht so recht warm werden.
Wir brauchen einen guten Ofen!«
sagt Manuel.

Sie machen sich auf die Suche nach einem Ofen. Da treffen sie einen Hasen. Manuel hat eine Idee! »Komm mit!« sagt er zu dem Hasen.

»Schau, dort ist unser Haus! Willst du es dir von innen ansehen?« Neugierig folgt der Hase den beiden ins Baumhaus.

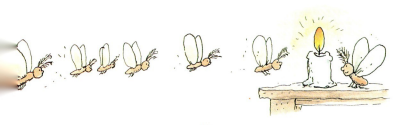

Dort gefällt es ihm sehr, und er bleibt über Nacht. Manuel und Didi lehnen sich an sein warmes Fell. Ah! Der ist ja noch viel besser als ein Ofen!

Bisher gibt es vier Sammelbände mit farbigen
Bildergeschichten von Manuel & Didi:

Manuel & Didi. Der fliegende Hut
Kleine Mäuseabenteuer im Frühling

Manuel & Didi. Der große Pilz
Kleine Mäuseabenteuer im Sommer

Manuel & Didi. Die Baumhütte
Kleine Mäuseabenteuer im Herbst

Manuel & Didi. Der Schneemensch
Kleine Mäuseabenteuer im Winter

GULLIVERS BÜCHER

Taschenbücher
für Kinder
bei Beltz & Gelberg

Eine Auswahl

Janosch
2 OH, WIE SCHÖN IST PANAMA
Vierfarbiges Bilderbuch
48 S. (78002) ab 5

Janosch
11 KOMM, WIR FINDEN EINEN SCHATZ
Vierfarbiges Bilderbuch
48 S. (78011) ab 5

Erwin Moser
13 DIE GESCHICHTE VON PHILIP SCHNAUZE
Vierfarbiges Bilderbuch
44 S. (78013) ab 4

Janosch
31 POST FÜR DEN TIGER
Vierfarbiges Bilderbuch
48 S. (78031) ab 5

Erwin Moser
38 EDI NUSSKNACKER UND LILI WEISSWIESCHNEE
Geschichte mit farbigen Bildern
32 S. (78038) ab 5

Erwin Moser
47 TIERISCHES VON A BIS Z
Bilder & Verse
Vierfarbig
32 S. (78047) ab 5

Janosch
49 TRAUMSTUNDE FÜR SIEBENSCHLÄFER
Vierfarbige Bildergeschichte
32 S. (78049) ab 5

Erwin Moser
53 EIN AUFREGENDER TAG IM LEBEN VON FRANZ FELDMAUS
Die abenteuerliche Geschichte von Franz Feldmaus
Vierfarbig
32 S. (78053) ab 5

Josef Guggenmos/Günter Karl
62 ES GINGEN DREI KINDER DURCH DEN WALD
Vierfarbiges Bilderbuch
40 S. (78062) ab 4

Janosch
74 THE TRIP TO PANAMA
(Oh, wie schön ist Panama)
Vierfarbiges Bilderbuch
48 S. (78074) ab 5

Janosch
75 THE TREASURE-HUNTING TRIP
(Komm, wir finden einen Schatz)
Vierfarbiges Bilderbuch
48 S. (78075) ab 5

Janosch
76 A LETTER FOR TIGER
(Post für den Tiger)
Vierfarbiges Bilderbuch
48 S. (78076) ab 5

Erwin Moser
78 MANUEL & DIDI DER FLIEGENDE HUT
Kleine Mäuseabenteuer im Frühling
Vierfarbige Bildergeschichten
48 S. (78078) ab 4

Erwin Moser
84 MANUEL & DIDI DER GROSSE PILZ
Kleine Mäuseabenteuer im Sommer
Vierfarbige Bildergeschichten
48 S. (78084) ab 4

Frantz Wittkamp
87 OBEN IN DER RUMPELKAMMER
Vierfarbiges Bilderbuch
Mit Spielreimen
40 S. (78087) ab 3

Erwin Moser
94 MANUEL & DIDI DIE BAUMHÜTTE
Vierfarbige Bildergeschichten
48 S. (78094) ab 4

Erwin Moser
99 MANUEL & DIDI DER SCHNEEMENSCH
Vierfarbige Bildergeschichten
48 S. (78099) ab 4
(erscheint im Januar 1991)